全国人民代表大会常务委员会公报版

中华人民共和国
慈 善 法

（最新修正本）

中国民主法制出版社

图书在版编目（CIP）数据

中华人民共和国慈善法：最新修正本/全国人大常委会办公厅供稿.—北京：中国民主法制出版社，2024.1
ISBN 978-7-5162-3491-4

Ⅰ.①中… Ⅱ.①全… Ⅲ.①慈善法—中国 Ⅳ.①D922.182.3

中国国家版本馆 CIP 数据核字（2024）第 001686 号

书名/中华人民共和国慈善法

出版·发行/中国民主法制出版社
地址/北京市丰台区右安门外玉林里 7 号（100069）
电话/（010）63055259（总编室） 63058068 63057714（营销中心）
传真/（010）63055259
http://www.npcpub.com
E-mail:mzfz@npcpub.com
经销/新华书店
开本/32 开 850 毫米×1168 毫米
印张/2.5 字数/39 千字
版本/2024 年 1 月第 1 版 2024 年 1 月第 1 次印刷
印刷/三河市宏图印务有限公司

书号/ISBN 978-7-5162-3491-4
定价/8.00 元
出版声明/版权所有，侵权必究。

（如有缺页或倒装，本社负责退换）

目 录

中华人民共和国主席令（第十六号）……………（1）

全国人民代表大会常务委员会关于修改
《中华人民共和国慈善法》的决定 ……………（3）

中华人民共和国慈善法 ………………………（16）

关于《中华人民共和国慈善法
（修订草案）》的说明 …………………………（49）

全国人民代表大会宪法和法律委员会关于
《中华人民共和国慈善法（修订草案）》
修改情况的汇报 …………………………………（60）

全国人民代表大会宪法和法律委员会关于
《中华人民共和国慈善法（修正草案）》
审议结果的报告 …………………………………（65）

全国人民代表大会宪法和法律委员会关于
《全国人民代表大会常务委员会关于修改
〈中华人民共和国慈善法〉的决定（草案）》
修改意见的报告 …………………………………（69）

中华人民共和国主席令

第十六号

《全国人民代表大会常务委员会关于修改〈中华人民共和国慈善法〉的决定》已由中华人民共和国第十四届全国人民代表大会常务委员会第七次会议于2023年12月29日通过,现予公布,自2024年9月5日起施行。

中华人民共和国主席　习近平
2023年12月29日

全国人民代表大会常务委员会关于修改《中华人民共和国慈善法》的决定

(2023年12月29日第十四届全国人民代表大会常务委员会第七次会议通过)

第十四届全国人民代表大会常务委员会第七次会议决定对《中华人民共和国慈善法》作如下修改:

一、第四条增加一款,作为第一款:"慈善工作坚持中国共产党的领导。"

二、将第六条修改为:"县级以上人民政府应当统筹、协调、督促和指导有关部门在各自职责范围内做好慈善事业的扶持发展和规范管理工作。

"国务院民政部门主管全国慈善工作,县级以上地方各级人民政府民政部门主管本行政区域内的慈善工作；县级以上人民政府有关部门依照本法和其他有关法律法规，在各自的职责范围内做好相关工作，加强对慈善活动的监督、管理和服务；慈善组织有业务主管单位的，业务主管单位应当对其进行指导、监督。"

三、将第十条第二款修改为："已经设立的基金会、社会团体、社会服务机构等非营利性组织，可以向办理其登记的民政部门申请认定为慈善组织，民政部门应当自受理申请之日起二十日内作出决定。符合慈善组织条件的，予以认定并向社会公告；不符合慈善组织条件的，不予认定并书面说明理由。"

四、将第十三条修改为："慈善组织应当每年向办理其登记的民政部门报送年度工作报告和财务会计报告。报告应当包括年度开展募捐和接受捐赠、慈善财产的管理使用、慈善项目实施、募捐成本、慈善组织工作人员工资福利以及与境外组织或者个人开展合作等情况。"

五、将第二十二条修改为："慈善组织开展公开募捐，应当取得公开募捐资格。依法登记满一年的慈善组织，可以向办理其登记的民政部门申请公开募捐资格。民政部门应当自受理申请之日起二十日内作出决定。慈善组织符合内部治理结构健全、运作规范的条件的，发给公开募捐资格证书；不符合条件的，不发给公开募捐资格证书并书面说明理由。

"其他法律、行政法规规定可以公开募捐的非营利性组织，由县级以上人民政府民政部门直接发给公开募捐资格证书。"

六、将第二十六条修改为："不具有公开募捐资格的组织或者个人基于慈善目的，可以与具有公开募捐资格的慈善组织合作，由该慈善组织开展公开募捐，合作方不得以任何形式自行开展公开募捐。具有公开募捐资格的慈善组织应当对合作方进行评估，依法签订书面协议，在募捐方案中载明合作方的相关信息，并对合作方的相关行为进行指导和监督。

"具有公开募捐资格的慈善组织负责对合作募得的款物进行管理和会计核算，将全部收支纳入其账户。"

七、将第二十三条第三款改为第二十七条，修改为："慈善组织通过互联网开展公开募捐的，应当在国务院民政部门指定的互联网公开募捐服务平台进行，并可以同时在其网站进行。

"国务院民政部门指定的互联网公开募捐服务平台，提供公开募捐信息展示、捐赠支付、捐赠财产使用情况查询等服务；无正当理由不得拒绝为具有公开募捐资格的慈善组织提供服务，不得向其收费，不得在公开募捐信息页面插入商业广告和商业活动链接。"

八、增加一条，作为第四十六条："慈善信托的委托人不得指定或者变相指定其利害关系人作为受益人。

"慈善信托的受托人确定受益人，应当坚持公开、公平、公正的原则，不得指定或者变相指定受托人及其工作人员的利害关系人作为受益人。"

九、将第六十条改为第六十一条，修改为："慈善组织应当积极开展慈善活动，遵循管理费用、募捐成本等最必要原则，厉行节约，减少不必要的开支，充分、高效运用慈善财产。具有公开募捐资格的基金会开展慈善活动的年度支出，不得低于上一年总收入的百分之七十或者前三年收入平均数额的百分之七十；年度管理费用不得超过当年总支出的百分之十；特殊情况下，年度支出和管理费用难以符合前述规定的，应当报告办理其登记的民政部门并向社会公开说明情况。

"慈善组织开展慈善活动的年度支出、管理费用和募捐成本的标准由国务院民政部门会同财政、税务等部门制定。

"捐赠协议对单项捐赠财产的慈善活动支出和管理费用有约定的，按照其约定。

"慈善信托的年度支出和管理费用标准，由国务院民政部门会同财政、税务和金融监督管理等部门制定。"

十、在第七章后增加一章，作为第八章"应急慈善"；对第三十条进行修改，作为第七十条；增加四条，分别作为第七十一条至第七十四条。内容如下：

"第八章　应急慈善

"第七十条　发生重大突发事件需要迅速开展救助时，履行统一领导职责或者组织处置突发事件的人民政府应当依法建立协调机制，明确专门机构、人员，提供需求信息，及时有序引导慈善组织、志愿者等社会力量开展募捐和救助活动。

"第七十一条　国家鼓励慈善组织、慈善行业组织建立应急机制，加强信息共享、协商合作，提高慈善组织运行和慈善资源使用的效率。

"在发生重大突发事件时，鼓励慈善组织、志愿者等在有关人民政府的协调引导下依法开展或者参与慈善活动。

"第七十二条　为应对重大突发事件开展公开募捐的，应当及时分配或者使用募得款物，在应急处置与救援阶段至少每五日公开一次募得款物的接收情况，及时公开分配、使用情况。

"第七十三条　为应对重大突发事件开展公开募捐，无法在募捐活动前办理募捐方案备案的，应当在活动开始后十日内补办备案手续。

"第七十四条　县级以上人民政府及其有关部门应当为捐赠款物分配送达提供便利条件。乡级人民政府、街道办事处和村民委员会、居民委员会，应当为捐赠款物分配送达、信息统计等提供力所能及的帮助。"

十一、将第六十九条改为第七十五条，修改为："国家建立健全慈善信息统计和发布制度。

"国务院民政部门建立健全统一的慈善信息平台，免费提供慈善信息发布服务。

"县级以上人民政府民政部门应当在前款规定的平台及时向社会公开慈善信息。

"慈善组织和慈善信托的受托人应当在本条第二款规定的平台发布慈善信息，并对信息的真实性负责。"

十二、将第七十三条改为第七十九条，修改为："具有公开募捐资格的慈善组织应当定期向社会公开其募捐情况和慈善项目实施情况。

"公开募捐周期超过六个月的，至少每三个月公开一次募捐情况，公开募捐活动结束后三个月内应当全面、详细公开募捐情况。

"慈善项目实施周期超过六个月的，至少每三个月公开一次项目实施情况，项目结束后三个月内应当全面、详细公开项目实施情况和募得款物使用情况。"

十三、将第七十七条改为第八十三条，第一款修改为："县级以上人民政府应当将慈善事业纳入国民经济和社会发展规划，制定促进慈善事业发展的政策和措施。"

十四、增加一条，作为第八十五条："国家鼓励、引导、支持有意愿有能力的自然人、法人和非法人组织积极参与慈善事业。

"国家对慈善事业实施税收优惠政策，具体办法由国务院财政、税务部门会同民政部门依照税收法律、行政法规的规定制定。"

十五、增加一条，作为第八十八条："自然人、法人和非法人组织设立慈善信托开展慈善活动的，依法享受税收优惠。"

十六、将第八十四条改为第九十二条，修改为："国家对开展扶贫济困、参与重大突发事件应对、参与重大国家战略的慈善活动，实行特殊的优惠政策。"

十七、将第八十七条改为第九十五条，增加一款，作为第二款："国家鼓励在慈善领域应用现代信息技术；鼓励社会力量通过公益创投、孵化培育、人员培训、项目指导等方式，为慈善组织提供资金支持和能力建设服务。"

十八、增加一条，作为第九十六条："国家鼓励有条件的地方设立社区慈善组织，加强社区志愿者队伍建设，发展社区慈善事业。"

十九、增加一条，作为第一百零一条："县级以上人民政府民政等有关部门将慈善捐赠、志愿服务记录等信息纳入相关主体信用记录，健全信用激励制度。"

二十、增加一条，作为第一百零二条："国家鼓励开展慈善国际交流与合作。

"慈善组织接受境外慈善捐赠、与境外组织或者个人合作开展慈善活动的，根据国家有关规定履行批准、备案程序。"

二十一、将第九十三条改为第一百零四条，修改为："县级以上人民政府民政部门对涉嫌违反本法规定的慈善组织、慈善信托的受托人，有权采取下列措施：

"（一）对慈善组织、慈善信托的受托人的住所和慈善活动发生地进行现场检查；

"（二）要求慈善组织、慈善信托的受托人作出说明，查阅、复制有关资料；

"（三）向与慈善活动有关的单位和个人调查与监督管理有关的情况；

"（四）经本级人民政府批准，可以查询慈善组织的金融账户；

"（五）法律、行政法规规定的其他措施。

"慈善组织、慈善信托的受托人涉嫌违反本法规定的，县级以上人民政府民政部门可以对有关负责人进行约谈，要求其说明情况、提出改进措施。

"其他慈善活动参与者涉嫌违反本法规定的，县级以上人民政府民政部门可以会同有关部门调查和处理。"

二十二、将第九十五条改为第一百零六条，修改为："县级以上人民政府民政部门应当建立慈善组织及其负责人、慈善信托的受托人信用记录制度，并向社会公布。

"县级以上人民政府民政部门应当建立慈善组织评估制度，鼓励和支持第三方机构对慈善组织的内部治理、财务状况、项目开展情况以及信息公开等进行评估，并向社会公布评估结果。"

二十三、将第九十八条改为第一百零九条，修改为："慈善组织有下列情形之一的，由县级以上人民政府民政部门责令限期改正，予以警告或者责令限期停止活动，并没收违法所得；情节严重的，吊销登记证书并予以公告：

"（一）未按照慈善宗旨开展活动的；

"（二）私分、挪用、截留或者侵占慈善财产的；

"（三）接受附加违反法律法规或者违背社会公德条件的捐赠，或者对受益人附加违反法律法规或者违背社会公德的条件的。"

二十四、将第九十九条改为第一百一十条，修改为："慈善组织有下列情形之一的，由县级以上人民政府民政部门责令限期改正，予以警告，并没收违法所得；逾期不改正的，责令限期停止活动并进行整改：

"（一）违反本法第十四条规定造成慈善财产损失的；

"（二）指定或者变相指定捐赠人、慈善组织管理人员的利害关系人作为受益人的；

"（三）将不得用于投资的财产用于投资的；

"（四）擅自改变捐赠财产用途的；

"（五）因管理不善造成慈善财产重大损失的；

"（六）开展慈善活动的年度支出、管理费用或者募捐成本违反规定的；

"（七）未依法履行信息公开义务的；

"（八）未依法报送年度工作报告、财务会计报告或者报备募捐方案的；

"（九）泄露捐赠人、志愿者、受益人个人隐私以及捐赠人、慈善信托的委托人不同意公开的姓名、名称、住所、通讯方式等信息的。

"慈善组织违反本法规定泄露国家秘密、商业秘密的，依照有关法律的规定予以处罚。

"慈善组织有前两款规定的情形，经依法处理后一年内再出现前款规定的情形，或者有其他情节严重情形的，由县级以上人民政府民政部门吊销登记证书并予以公告。"

二十五、将第一百零一条第一款改为第一百一十一条，修改为："慈善组织开展募捐活动有下列情形之一的，由县级以上人民政府民政部门予以警告，责令停止募捐活动；责令退还违法募集的财产，无法退还的，由民政部门予以收缴，转给其他慈善组织用于慈善目的；情节严重的，吊销公开募捐资格证书或者登记证书并予以公告，公开募捐资格证书被吊销的，五年内不得再次申请：

"（一）通过虚构事实等方式欺骗、诱导募捐对象实施捐赠的；

"（二）向单位或者个人摊派或者变相摊派的；

"（三）妨碍公共秩序、企业生产经营或者居民生活的；

"（四）与不具有公开募捐资格的组织或者个人合

作，违反本法第二十六条规定的；

"（五）通过互联网开展公开募捐，违反本法第二十七条规定的；

"（六）为应对重大突发事件开展公开募捐，不及时分配、使用募得款物的。"

二十六、将第一百条改为第一百一十二条，修改为："慈善组织有本法第一百零九条、第一百一十条、第一百一十一条规定情形的，由县级以上人民政府民政部门对直接负责的主管人员和其他直接责任人员处二万元以上二十万元以下罚款，并没收违法所得；情节严重的，禁止其一年至五年内担任慈善组织的管理人员。"

二十七、将第一百零七条改为第一百一十三条，修改为："不具有公开募捐资格的组织或者个人擅自开展公开募捐的，由县级以上人民政府民政部门予以警告，责令停止募捐活动；责令退还违法募集的财产，无法退还的，由民政部门予以收缴，转给慈善组织用于慈善目的；情节严重的，对有关组织或者个人处二万元以上二十万元以下罚款。

"自然人、法人或者非法人组织假借慈善名义或者假冒慈善组织骗取财产的，由公安机关依法查处。"

二十八、将第一百零一条第二款改为第一百一十四条，修改为："互联网公开募捐服务平台违反本法第二十七条规定的，由省级以上人民政府民政部门责令限期改正；逾期不改正的，由国务院民政部门取消指定。

"未经指定的互联网信息服务提供者擅自提供互联网公开募捐服务的，由县级以上人民政府民政部门责令限期改正；逾期不改正的，由县级以上人民政府民政部门会同网信、工业和信息化部门依法进行处理。

"广播、电视、报刊以及网络服务提供者、电信运营商未依法履行验证义务的，由其主管部门责令限期改正，予以警告；逾期不改正的，予以通报批评。"

二十九、将第一百零五条改为第一百一十八条，修改为："慈善信托的委托人、受托人有下列情形之一的，由县级以上人民政府民政部门责令限期改正，予以警告，并没收违法所得；对直接负责的主管人员和其他直接责任人员处二万元以上二十万元以下罚款：

"（一）将信托财产及其收益用于非慈善目的的；

"（二）指定或者变相指定委托人、受托人及其工作人员的利害关系人作为受益人的；

"（三）未按照规定将信托事务处理情况及财务状况向民政部门报告的；

"（四）违反慈善信托的年度支出或者管理费用标准的；

"（五）未依法履行信息公开义务的。"

三十、增加一条，作为第一百二十四条："个人因疾病等原因导致家庭经济困难，向社会发布求助信息的，求助人和信息发布人应当对信息真实性负责，不得通过虚构、隐瞒事实等方式骗取救助。

"从事个人求助网络服务的平台应当经国务院民政部门指定,对通过其发布的求助信息真实性进行查验,并及时、全面向社会公开相关信息。具体管理办法由国务院民政部门会同网信、工业和信息化等部门另行制定。"

三十一、对部分条文中的有关表述作以下修改:

(一)将第二条、第三条、第五条、第三十四条、第三十七条、第八十条第一款、第九十一条中的"其他组织"修改为"非法人组织"。

(二)在第十八条第二款、第三款中的"民政部门"前增加"办理其登记的";在第十八条第四款、第二十三条第二款中的"其登记的民政部门"前增加"办理";在第四十一条第二款、第四十二条第二款、第九十七条第一款第一句、第一百零二条、第一百零三条、第一百零四条中的"民政部门"前增加"县级以上人民政府";在第四十八条第二款中的"其备案的民政部门"前增加"办理";在第五十五条中的"民政部门"前增加"原备案的"。

(三)在第四十条第一款、第五十八条中的"指定"后增加"或者变相指定"。

本决定自 2024 年 9 月 5 日起施行。

《中华人民共和国慈善法》根据本决定作相应修改并对条文顺序作相应调整,重新公布。

中华人民共和国慈善法

（2016年3月16日第十二届全国人民代表大会第四次会议通过　根据2023年12月29日第十四届全国人民代表大会常务委员会第七次会议《关于修改〈中华人民共和国慈善法〉的决定》修正）

目　录

第一章　总　　则
第二章　慈善组织
第三章　慈善募捐
第四章　慈善捐赠
第五章　慈善信托
第六章　慈善财产
第七章　慈善服务

第八章　应急慈善
第九章　信息公开
第十章　促进措施
第十一章　监督管理
第十二章　法律责任
第十三章　附　　则

第一章　总　　则

第一条　为了发展慈善事业，弘扬慈善文化，规范慈善活动，保护慈善组织、捐赠人、志愿者、受益人等慈善活动参与者的合法权益，促进社会进步，共享发展成果，制定本法。

第二条　自然人、法人和非法人组织开展慈善活动以及与慈善有关的活动，适用本法。其他法律有特别规定的，依照其规定。

第三条　本法所称慈善活动，是指自然人、法人和非法人组织以捐赠财产或者提供服务等方式，自愿开展的下列公益活动：

（一）扶贫、济困；

（二）扶老、救孤、恤病、助残、优抚；

（三）救助自然灾害、事故灾难和公共卫生事件等突发事件造成的损害；

（四）促进教育、科学、文化、卫生、体育等事业的发展；

（五）防治污染和其他公害，保护和改善生态环境；

（六）符合本法规定的其他公益活动。

第四条 慈善工作坚持中国共产党的领导。

开展慈善活动，应当遵循合法、自愿、诚信、非营利的原则，不得违背社会公德，不得危害国家安全、损害社会公共利益和他人合法权益。

第五条 国家鼓励和支持自然人、法人和非法人组织践行社会主义核心价值观，弘扬中华民族传统美德，依法开展慈善活动。

第六条 县级以上人民政府应当统筹、协调、督促和指导有关部门在各自职责范围内做好慈善事业的扶持发展和规范管理工作。

国务院民政部门主管全国慈善工作，县级以上地方各级人民政府民政部门主管本行政区域内的慈善工作；县级以上人民政府有关部门依照本法和其他有关法律法规，在各自的职责范围内做好相关工作，加强对慈善活动的监督、管理和服务；慈善组织有业务主管单位的，业务主管单位应当对其进行指导、监督。

第七条 每年9月5日为"中华慈善日"。

第二章　慈善组织

第八条 本法所称慈善组织，是指依法成立、符合本法规定，以面向社会开展慈善活动为宗旨的非营利性组织。

慈善组织可以采取基金会、社会团体、社会服务机构等组织形式。

第九条 慈善组织应当符合下列条件：

（一）以开展慈善活动为宗旨；

（二）不以营利为目的；

（三）有自己的名称和住所；

（四）有组织章程；

（五）有必要的财产；

（六）有符合条件的组织机构和负责人；

（七）法律、行政法规规定的其他条件。

第十条 设立慈善组织，应当向县级以上人民政府民政部门申请登记，民政部门应当自受理申请之日起三十日内作出决定。符合本法规定条件的，准予登记并向社会公告；不符合本法规定条件的，不予登记并书面说明理由。

已经设立的基金会、社会团体、社会服务机构等非营利性组织，可以向办理其登记的民政部门申请认定为慈善组织，民政部门应当自受理申请之日起二十日内作出决定。符合慈善组织条件的，予以认定并向社会公告；不符合慈善组织条件的，不予认定并书面说明理由。

有特殊情况需要延长登记或者认定期限的，报经国务院民政部门批准，可以适当延长，但延长的期限不得超过六十日。

第十一条　慈善组织的章程，应当符合法律法规的规定，并载明下列事项：

（一）名称和住所；

（二）组织形式；

（三）宗旨和活动范围；

（四）财产来源及构成；

（五）决策、执行机构的组成及职责；

（六）内部监督机制；

（七）财产管理使用制度；

（八）项目管理制度；

（九）终止情形及终止后的清算办法；

（十）其他重要事项。

第十二条　慈善组织应当根据法律法规以及章程的规定，建立健全内部治理结构，明确决策、执行、监督等方面的职责权限，开展慈善活动。

慈善组织应当执行国家统一的会计制度，依法进行会计核算，建立健全会计监督制度，并接受政府有关部门的监督管理。

第十三条　慈善组织应当每年向办理其登记的民政部门报送年度工作报告和财务会计报告。报告应当包括年度开展募捐和接受捐赠、慈善财产的管理使用、慈善项目实施、募捐成本、慈善组织工作人员工资福利以及与境外组织或者个人开展合作等情况。

第十四条　慈善组织的发起人、主要捐赠人以及管理人员，不得利用其关联关系损害慈善组织、受益人的利益和社会公共利益。

慈善组织的发起人、主要捐赠人以及管理人员与慈善组织发生交易行为的，不得参与慈善组织有关该交易行为的决策，有关交易情况应当向社会公开。

第十五条　慈善组织不得从事、资助危害国家安全和社会公共利益的活动，不得接受附加违反法律法规和违背社会公德条件的捐赠，不得对受益人附加违反法律法规和违背社会公德的条件。

第十六条　有下列情形之一的，不得担任慈善组织的负责人：

（一）无民事行为能力或者限制民事行为能力的；

（二）因故意犯罪被判处刑罚，自刑罚执行完毕之日起未逾五年的；

（三）在被吊销登记证书或者被取缔的组织担任负责人，自该组织被吊销登记证书或者被取缔之日起未逾五年的；

（四）法律、行政法规规定的其他情形。

第十七条　慈善组织有下列情形之一的，应当终止：

（一）出现章程规定的终止情形的；

（二）因分立、合并需要终止的；

（三）连续二年未从事慈善活动的；

（四）依法被撤销登记或者吊销登记证书的；

（五）法律、行政法规规定应当终止的其他情形。

第十八条 慈善组织终止，应当进行清算。

慈善组织的决策机构应当在本法第十七条规定的终止情形出现之日起三十日内成立清算组进行清算，并向社会公告。不成立清算组或者清算组不履行职责的，办理其登记的民政部门可以申请人民法院指定有关人员组成清算组进行清算。

慈善组织清算后的剩余财产，应当按照慈善组织章程的规定转给宗旨相同或者相近的慈善组织；章程未规定的，由办理其登记的民政部门主持转给宗旨相同或者相近的慈善组织，并向社会公告。

慈善组织清算结束后，应当向办理其登记的民政部门办理注销登记，并由民政部门向社会公告。

第十九条 慈善组织依法成立行业组织。

慈善行业组织应当反映行业诉求，推动行业交流，提高慈善行业公信力，促进慈善事业发展。

第二十条 慈善组织的组织形式、登记管理的具体办法由国务院制定。

第三章　慈善募捐

第二十一条 本法所称慈善募捐，是指慈善组织基于慈善宗旨募集财产的活动。

慈善募捐,包括面向社会公众的公开募捐和面向特定对象的定向募捐。

第二十二条 慈善组织开展公开募捐,应当取得公开募捐资格。依法登记满一年的慈善组织,可以向办理其登记的民政部门申请公开募捐资格。民政部门应当自受理申请之日起二十日内作出决定。慈善组织符合内部治理结构健全、运作规范的条件的,发给公开募捐资格证书;不符合条件的,不发给公开募捐资格证书并书面说明理由。

其他法律、行政法规规定可以公开募捐的非营利性组织,由县级以上人民政府民政部门直接发给公开募捐资格证书。

第二十三条 开展公开募捐,可以采取下列方式:

(一)在公共场所设置募捐箱;

(二)举办面向社会公众的义演、义赛、义卖、义展、义拍、慈善晚会等;

(三)通过广播、电视、报刊、互联网等媒体发布募捐信息;

(四)其他公开募捐方式。

慈善组织采取前款第一项、第二项规定的方式开展公开募捐的,应当在办理其登记的民政部门管辖区域内进行,确有必要在办理其登记的民政部门管辖区域外进行的,应当报其开展募捐活动所在地的县级以上人民政府民政部门备案。捐赠人的捐赠行为不受地域限制。

第二十四条 开展公开募捐，应当制定募捐方案。募捐方案包括募捐目的、起止时间和地域、活动负责人姓名和办公地址、接受捐赠方式、银行账户、受益人、募得款物用途、募捐成本、剩余财产的处理等。

募捐方案应当在开展募捐活动前报慈善组织登记的民政部门备案。

第二十五条 开展公开募捐，应当在募捐活动现场或者募捐活动载体的显著位置，公布募捐组织名称、公开募捐资格证书、募捐方案、联系方式、募捐信息查询方法等。

第二十六条 不具有公开募捐资格的组织或者个人基于慈善目的，可以与具有公开募捐资格的慈善组织合作，由该慈善组织开展公开募捐，合作方不得以任何形式自行开展公开募捐。具有公开募捐资格的慈善组织应当对合作方进行评估，依法签订书面协议，在募捐方案中载明合作方的相关信息，并对合作方的相关行为进行指导和监督。

具有公开募捐资格的慈善组织负责对合作募得的款物进行管理和会计核算，将全部收支纳入其账户。

第二十七条 慈善组织通过互联网开展公开募捐的，应当在国务院民政部门指定的互联网公开募捐服务平台进行，并可以同时在其网站进行。

国务院民政部门指定的互联网公开募捐服务平台，提供公开募捐信息展示、捐赠支付、捐赠财产使用情况查询等服务；无正当理由不得拒绝为具有公开募捐资格的慈善组织提供服务，不得向其收费，不得在公开募捐信息页面插入商业广告和商业活动链接。

第二十八条 广播、电视、报刊以及网络服务提供者、电信运营商，应当对利用其平台开展公开募捐的慈善组织的登记证书、公开募捐资格证书进行验证。

第二十九条 慈善组织自登记之日起可以开展定向募捐。

慈善组织开展定向募捐，应当在发起人、理事会成员和会员等特定对象的范围内进行，并向募捐对象说明募捐目的、募得款物用途等事项。

第三十条 开展定向募捐，不得采取或者变相采取本法第二十三条规定的方式。

第三十一条 开展募捐活动，应当尊重和维护募捐对象的合法权益，保障募捐对象的知情权，不得通过虚构事实等方式欺骗、诱导募捐对象实施捐赠。

第三十二条 开展募捐活动，不得摊派或者变相摊派，不得妨碍公共秩序、企业生产经营和居民生活。

第三十三条 禁止任何组织或者个人假借慈善名义或者假冒慈善组织开展募捐活动，骗取财产。

第四章　慈善捐赠

第三十四条　本法所称慈善捐赠，是指自然人、法人和非法人组织基于慈善目的，自愿、无偿赠与财产的活动。

第三十五条　捐赠人可以通过慈善组织捐赠，也可以直接向受益人捐赠。

第三十六条　捐赠人捐赠的财产应当是其有权处分的合法财产。捐赠财产包括货币、实物、房屋、有价证券、股权、知识产权等有形和无形财产。

捐赠人捐赠的实物应当具有使用价值，符合安全、卫生、环保等标准。

捐赠人捐赠本企业产品的，应当依法承担产品质量责任和义务。

第三十七条　自然人、法人和非法人组织开展演出、比赛、销售、拍卖等经营性活动，承诺将全部或者部分所得用于慈善目的的，应当在举办活动前与慈善组织或者其他接受捐赠的人签订捐赠协议，活动结束后按照捐赠协议履行捐赠义务，并将捐赠情况向社会公开。

第三十八条　慈善组织接受捐赠，应当向捐赠人开具由财政部门统一监（印）制的捐赠票据。捐赠票据应当载明捐赠人、捐赠财产的种类及数量、慈善组织名称和经办人姓名、票据日期等。捐赠人匿名或者放弃接受捐赠票据的，慈善组织应当做好相关记录。

第三十九条 慈善组织接受捐赠，捐赠人要求签订书面捐赠协议的，慈善组织应当与捐赠人签订书面捐赠协议。

书面捐赠协议包括捐赠人和慈善组织名称，捐赠财产的种类、数量、质量、用途、交付时间等内容。

第四十条 捐赠人与慈善组织约定捐赠财产的用途和受益人时，不得指定或者变相指定捐赠人的利害关系人作为受益人。

任何组织和个人不得利用慈善捐赠违反法律规定宣传烟草制品，不得利用慈善捐赠以任何方式宣传法律禁止宣传的产品和事项。

第四十一条 捐赠人应当按照捐赠协议履行捐赠义务。捐赠人违反捐赠协议逾期未交付捐赠财产，有下列情形之一的，慈善组织或者其他接受捐赠的人可以要求交付；捐赠人拒不交付的，慈善组织和其他接受捐赠的人可以依法向人民法院申请支付令或者提起诉讼：

（一）捐赠人通过广播、电视、报刊、互联网等媒体公开承诺捐赠的；

（二）捐赠财产用于本法第三条第一项至第三项规定的慈善活动，并签订书面捐赠协议的。

捐赠人公开承诺捐赠或者签订书面捐赠协议后经济状况显著恶化，严重影响其生产经营或者家庭生活的，经向公开承诺捐赠地或者书面捐赠协议签订地的县级以上人民政府民政部门报告并向社会公开说明情况后,可以不再履行捐赠义务。

第四十二条 捐赠人有权查询、复制其捐赠财产管理使用的有关资料,慈善组织应当及时主动向捐赠人反馈有关情况。

慈善组织违反捐赠协议约定的用途,滥用捐赠财产的,捐赠人有权要求其改正;拒不改正的,捐赠人可以向县级以上人民政府民政部门投诉、举报或者向人民法院提起诉讼。

第四十三条 国有企业实施慈善捐赠应当遵守有关国有资产管理的规定,履行批准和备案程序。

第五章　慈善信托

第四十四条 本法所称慈善信托属于公益信托,是指委托人基于慈善目的,依法将其财产委托给受托人,由受托人按照委托人意愿以受托人名义进行管理和处分,开展慈善活动的行为。

第四十五条 设立慈善信托、确定受托人和监察人,应当采取书面形式。受托人应当在慈善信托文件签订之日起七日内,将相关文件向受托人所在地县级以上人民政府民政部门备案。

未按照前款规定将相关文件报民政部门备案的,不享受税收优惠。

第四十六条 慈善信托的委托人不得指定或者变相指定其利害关系人作为受益人。

慈善信托的受托人确定受益人，应当坚持公开、公平、公正的原则，不得指定或者变相指定受托人及其工作人员的利害关系人作为受益人。

第四十七条 慈善信托的受托人，可以由委托人确定其信赖的慈善组织或者信托公司担任。

第四十八条 慈善信托的受托人违反信托义务或者难以履行职责的，委托人可以变更受托人。变更后的受托人应当自变更之日起七日内，将变更情况报原备案的民政部门重新备案。

第四十九条 慈善信托的受托人管理和处分信托财产，应当按照信托目的，恪尽职守，履行诚信、谨慎管理的义务。

慈善信托的受托人应当根据信托文件和委托人的要求，及时向委托人报告信托事务处理情况、信托财产管理使用情况。慈善信托的受托人应当每年至少一次将信托事务处理情况及财务状况向办理其备案的民政部门报告，并向社会公开。

第五十条 慈善信托的委托人根据需要，可以确定信托监察人。

信托监察人对受托人的行为进行监督，依法维护委托人和受益人的权益。信托监察人发现受托人违反信托义务或者难以履行职责的，应当向委托人报告，并有权以自己的名义向人民法院提起诉讼。

第五十一条　慈善信托的设立、信托财产的管理、信托当事人、信托的终止和清算等事项，本章未规定的，适用本法其他有关规定；本法未规定的，适用《中华人民共和国信托法》的有关规定。

第六章　慈善财产

第五十二条　慈善组织的财产包括：
（一）发起人捐赠、资助的创始财产；
（二）募集的财产；
（三）其他合法财产。

第五十三条　慈善组织的财产应当根据章程和捐赠协议的规定全部用于慈善目的，不得在发起人、捐赠人以及慈善组织成员中分配。

任何组织和个人不得私分、挪用、截留或者侵占慈善财产。

第五十四条　慈善组织对募集的财产，应当登记造册，严格管理，专款专用。

捐赠人捐赠的实物不易储存、运输或者难以直接用于慈善目的的，慈善组织可以依法拍卖或者变卖，所得收入扣除必要费用后，应当全部用于慈善目的。

第五十五条　慈善组织为实现财产保值、增值进行投资的，应当遵循合法、安全、有效的原则，投资取得的收益应当全部用于慈善目的。慈善组织的重大投资方案应当经决策机构组成人员三分之二以上同意。政府资助的财产和捐赠协议约定不得投资的财产，不得用于投资。慈善组织的负责人和工作人员不得在慈善组织投资的企业兼职或者领取报酬。

前款规定事项的具体办法，由国务院民政部门制定。

第五十六条 慈善组织开展慈善活动，应当依照法律法规和章程的规定，按照募捐方案或者捐赠协议使用捐赠财产。慈善组织确需变更募捐方案规定的捐赠财产用途的，应当报原备案的民政部门备案；确需变更捐赠协议约定的捐赠财产用途的，应当征得捐赠人同意。

第五十七条 慈善组织应当合理设计慈善项目，优化实施流程，降低运行成本，提高慈善财产使用效益。

慈善组织应当建立项目管理制度，对项目实施情况进行跟踪监督。

第五十八条 慈善项目终止后捐赠财产有剩余的，按照募捐方案或者捐赠协议处理；募捐方案未规定或者捐赠协议未约定的，慈善组织应当将剩余财产用于目的相同或者相近的其他慈善项目，并向社会公开。

第五十九条 慈善组织确定慈善受益人，应当坚持公开、公平、公正的原则，不得指定或者变相指定慈善组织管理人员的利害关系人作为受益人。

第六十条 慈善组织根据需要可以与受益人签订协议,明确双方权利义务,约定慈善财产的用途、数额和使用方式等内容。

受益人应当珍惜慈善资助,按照协议使用慈善财产。受益人未按照协议使用慈善财产或者有其他严重违反协议情形的,慈善组织有权要求其改正;受益人拒不改正的,慈善组织有权解除协议并要求受益人返还财产。

第六十一条 慈善组织应当积极开展慈善活动,遵循管理费用、募捐成本等最必要原则,厉行节约,减少不必要的开支,充分、高效运用慈善财产。具有公开募捐资格的基金会开展慈善活动的年度支出,不得低于上一年总收入的百分之七十或者前三年收入平均数额的百分之七十;年度管理费用不得超过当年总支出的百分之十;特殊情况下,年度支出和管理费用难以符合前述规定的,应当报告办理其登记的民政部门并向社会公开说明情况。

慈善组织开展慈善活动的年度支出、管理费用和募捐成本的标准由国务院民政部门会同财政、税务等部门制定。

捐赠协议对单项捐赠财产的慈善活动支出和管理费用有约定的,按照其约定。

慈善信托的年度支出和管理费用标准,由国务院民政部门会同财政、税务和金融监督管理等部门制定。

第七章　慈善服务

第六十二条　本法所称慈善服务，是指慈善组织和其他组织以及个人基于慈善目的，向社会或者他人提供的志愿无偿服务以及其他非营利服务。

慈善组织开展慈善服务，可以自己提供或者招募志愿者提供，也可以委托有服务专长的其他组织提供。

第六十三条　开展慈善服务，应当尊重受益人、志愿者的人格尊严，不得侵害受益人、志愿者的隐私。

第六十四条　开展医疗康复、教育培训等慈善服务，需要专门技能的，应当执行国家或者行业组织制定的标准和规程。

慈善组织招募志愿者参与慈善服务，需要专门技能的，应当对志愿者开展相关培训。

第六十五条　慈善组织招募志愿者参与慈善服务，应当公示与慈善服务有关的全部信息，告知服务过程中可能发生的风险。

慈善组织根据需要可以与志愿者签订协议，明确双方权利义务，约定服务的内容、方式和时间等。

第六十六条　慈善组织应当对志愿者实名登记，记录志愿者的服务时间、内容、评价等信息。根据志愿者的要求，慈善组织应当无偿、如实出具志愿服务记录证明。

第六十七条　慈善组织安排志愿者参与慈善服务，应当与志愿者的年龄、文化程度、技能和身体状况相适应。

第六十八条　志愿者接受慈善组织安排参与慈善服务的，应当服从管理，接受必要的培训。

第六十九条　慈善组织应当为志愿者参与慈善服务提供必要条件，保障志愿者的合法权益。

慈善组织安排志愿者参与可能发生人身危险的慈善服务前，应当为志愿者购买相应的人身意外伤害保险。

第八章　应急慈善

第七十条　发生重大突发事件需要迅速开展救助时，履行统一领导职责或者组织处置突发事件的人民政府应当依法建立协调机制，明确专门机构、人员，提供需求信息，及时有序引导慈善组织、志愿者等社会力量开展募捐和救助活动。

第七十一条　国家鼓励慈善组织、慈善行业组织建立应急机制，加强信息共享、协商合作，提高慈善组织运行和慈善资源使用的效率。

在发生重大突发事件时，鼓励慈善组织、志愿者等在有关人民政府的协调引导下依法开展或者参与慈善活动。

第七十二条　为应对重大突发事件开展公开募捐

的，应当及时分配或者使用募得款物，在应急处置与救援阶段至少每五日公开一次募得款物的接收情况，及时公开分配、使用情况。

第七十三条　为应对重大突发事件开展公开募捐，无法在募捐活动前办理募捐方案备案的，应当在活动开始后十日内补办备案手续。

第七十四条　县级以上人民政府及其有关部门应当为捐赠款物分配送达提供便利条件。乡级人民政府、街道办事处和村民委员会、居民委员会，应当为捐赠款物分配送达、信息统计等提供力所能及的帮助。

第九章　信息公开

第七十五条　国家建立健全慈善信息统计和发布制度。

国务院民政部门建立健全统一的慈善信息平台，免费提供慈善信息发布服务。

县级以上人民政府民政部门应当在前款规定的平台及时向社会公开慈善信息。

慈善组织和慈善信托的受托人应当在本条第二款规定的平台发布慈善信息，并对信息的真实性负责。

第七十六条　县级以上人民政府民政部门和其他有关部门应当及时向社会公开下列慈善信息：

（一）慈善组织登记事项；

(二）慈善信托备案事项；
(三）具有公开募捐资格的慈善组织名单；
(四）具有出具公益性捐赠税前扣除票据资格的慈善组织名单；
(五）对慈善活动的税收优惠、资助补贴等促进措施；
(六）向慈善组织购买服务的信息；
(七）对慈善组织、慈善信托开展检查、评估的结果；
(八）对慈善组织和其他组织以及个人的表彰、处罚结果；
(九）法律法规规定应当公开的其他信息。

第七十七条 慈善组织、慈善信托的受托人应当依法履行信息公开义务。信息公开应当真实、完整、及时。

第七十八条 慈善组织应当向社会公开组织章程和决策、执行、监督机构成员信息以及国务院民政部门要求公开的其他信息。上述信息有重大变更的，慈善组织应当及时向社会公开。

慈善组织应当每年向社会公开其年度工作报告和财务会计报告。具有公开募捐资格的慈善组织的财务会计报告须经审计。

第七十九条 具有公开募捐资格的慈善组织应当定期向社会公开其募捐情况和慈善项目实施情况。

公开募捐周期超过六个月的，至少每三个月公开一次募捐情况，公开募捐活动结束后三个月内应当全面、详细公开募捐情况。

慈善项目实施周期超过六个月的，至少每三个月公开一次项目实施情况，项目结束后三个月内应当全面、详细公开项目实施情况和募得款物使用情况。

第八十条 慈善组织开展定向募捐的，应当及时向捐赠人告知募捐情况、募得款物的管理使用情况。

第八十一条 慈善组织、慈善信托的受托人应当向受益人告知其资助标准、工作流程和工作规范等信息。

第八十二条 涉及国家秘密、商业秘密、个人隐私的信息以及捐赠人、慈善信托的委托人不同意公开的姓名、名称、住所、通讯方式等信息，不得公开。

第十章　促进措施

第八十三条 县级以上人民政府应当将慈善事业纳入国民经济和社会发展规划，制定促进慈善事业发展的政策和措施。

县级以上人民政府有关部门应当在各自职责范围内，向慈善组织、慈善信托受托人等提供慈善需求信息，为慈善活动提供指导和帮助。

第八十四条 县级以上人民政府民政部门应当建立与其他部门之间的慈善信息共享机制。

第八十五条 国家鼓励、引导、支持有意愿有能力的自然人、法人和非法人组织积极参与慈善事业。

国家对慈善事业实施税收优惠政策，具体办法由国务院财政、税务部门会同民政部门依照税收法律、行政法规的规定制定。

第八十六条 慈善组织及其取得的收入依法享受税收优惠。

第八十七条 自然人、法人和非法人组织捐赠财产用于慈善活动的，依法享受税收优惠。企业慈善捐赠支出超过法律规定的准予在计算企业所得税应纳税所得额时当年扣除的部分，允许结转以后三年内在计算应纳税所得额时扣除。

境外捐赠用于慈善活动的物资，依法减征或者免征进口关税和进口环节增值税。

第八十八条 自然人、法人和非法人组织设立慈善信托开展慈善活动的，依法享受税收优惠。

第八十九条 受益人接受慈善捐赠，依法享受税收优惠。

第九十条 慈善组织、捐赠人、受益人依法享受税收优惠的，有关部门应当及时办理相关手续。

第九十一条 捐赠人向慈善组织捐赠实物、有价证券、股权和知识产权的，依法免征权利转让的相关行政事业性费用。

第九十二条 国家对开展扶贫济困、参与重大突发事件应对、参与重大国家战略的慈善活动，实行特殊的优惠政策。

第九十三条 慈善组织开展本法第三条第一项、第二项规定的慈善活动需要慈善服务设施用地的，可以依法申请使用国有划拨土地或者农村集体建设用地。慈善服务设施用地非经法定程序不得改变用途。

第九十四条 国家为慈善事业提供金融政策支持，鼓励金融机构为慈善组织、慈善信托提供融资和结算等金融服务。

第九十五条 各级人民政府及其有关部门可以依法通过购买服务等方式，支持符合条件的慈善组织向社会提供服务，并依照有关政府采购的法律法规向社会公开相关情况。

国家鼓励在慈善领域应用现代信息技术；鼓励社会力量通过公益创投、孵化培育、人员培训、项目指导等方式，为慈善组织提供资金支持和能力建设服务。

第九十六条 国家鼓励有条件的地方设立社区慈善组织，加强社区志愿者队伍建设，发展社区慈善事业。

第九十七条 国家采取措施弘扬慈善文化，培育公民慈善意识。

学校等教育机构应当将慈善文化纳入教育教学内容。国家鼓励高等学校培养慈善专业人才，支持高等学校和科研机构开展慈善理论研究。

广播、电视、报刊、互联网等媒体应当积极开展慈善公益宣传活动，普及慈善知识，传播慈善文化。

第九十八条　国家鼓励企业事业单位和其他组织为开展慈善活动提供场所和其他便利条件。

第九十九条　经受益人同意，捐赠人对其捐赠的慈善项目可以冠名纪念，法律法规规定需要批准的，从其规定。

第一百条　国家建立慈善表彰制度，对在慈善事业发展中做出突出贡献的自然人、法人和非法人组织，由县级以上人民政府或者有关部门予以表彰。

第一百零一条　县级以上人民政府民政等有关部门将慈善捐赠、志愿服务记录等信息纳入相关主体信用记录，健全信用激励制度。

第一百零二条　国家鼓励开展慈善国际交流与合作。

慈善组织接受境外慈善捐赠、与境外组织或者个人合作开展慈善活动的，根据国家有关规定履行批准、备案程序。

第十一章　监督管理

第一百零三条　县级以上人民政府民政部门应当依法履行职责，对慈善活动进行监督检查，对慈善行业组织进行指导。

第一百零四条　县级以上人民政府民政部门对涉嫌

违反本法规定的慈善组织、慈善信托的受托人,有权采取下列措施:

(一)对慈善组织、慈善信托的受托人的住所和慈善活动发生地进行现场检查;

(二)要求慈善组织、慈善信托的受托人作出说明,查阅、复制有关资料;

(三)向与慈善活动有关的单位和个人调查与监督管理有关的情况;

(四)经本级人民政府批准,可以查询慈善组织的金融账户;

(五)法律、行政法规规定的其他措施。

慈善组织、慈善信托的受托人涉嫌违反本法规定的,县级以上人民政府民政部门可以对有关负责人进行约谈,要求其说明情况、提出改进措施。

其他慈善活动参与者涉嫌违反本法规定的,县级以上人民政府民政部门可以会同有关部门调查和处理。

第一百零五条 县级以上人民政府民政部门对慈善组织、有关单位和个人进行检查或者调查时,检查人员或者调查人员不得少于二人,并应当出示合法证件和检查、调查通知书。

第一百零六条 县级以上人民政府民政部门应当建立慈善组织及其负责人、慈善信托的受托人信用记录制度,并向社会公布。

县级以上人民政府民政部门应当建立慈善组织评估

制度，鼓励和支持第三方机构对慈善组织的内部治理、财务状况、项目开展情况以及信息公开等进行评估，并向社会公布评估结果。

第一百零七条 慈善行业组织应当建立健全行业规范，加强行业自律。

第一百零八条 任何单位和个人发现慈善组织、慈善信托有违法行为的，可以向县级以上人民政府民政部门、其他有关部门或者慈善行业组织投诉、举报。民政部门、其他有关部门或者慈善行业组织接到投诉、举报后，应当及时调查处理。

国家鼓励公众、媒体对慈善活动进行监督，对假借慈善名义或者假冒慈善组织骗取财产以及慈善组织、慈善信托的违法违规行为予以曝光，发挥舆论和社会监督作用。

第十二章　法律责任

第一百零九条 慈善组织有下列情形之一的，由县级以上人民政府民政部门责令限期改正，予以警告或者责令限期停止活动，并没收违法所得；情节严重的，吊销登记证书并予以公告：

（一）未按照慈善宗旨开展活动的；

（二）私分、挪用、截留或者侵占慈善财产的；

（三）接受附加违反法律法规或者违背社会公德条

件的捐赠，或者对受益人附加违反法律法规或者违背社会公德的条件的。

第一百一十条 慈善组织有下列情形之一的，由县级以上人民政府民政部门责令限期改正，予以警告，并没收违法所得；逾期不改正的，责令限期停止活动并进行整改：

（一）违反本法第十四条规定造成慈善财产损失的；

（二）指定或者变相指定捐赠人、慈善组织管理人员的利害关系人作为受益人的；

（三）将不得用于投资的财产用于投资的；

（四）擅自改变捐赠财产用途的；

（五）因管理不善造成慈善财产重大损失的；

（六）开展慈善活动的年度支出、管理费用或者募捐成本违反规定的；

（七）未依法履行信息公开义务的；

（八）未依法报送年度工作报告、财务会计报告或者报备募捐方案的；

（九）泄露捐赠人、志愿者、受益人个人隐私以及捐赠人、慈善信托的委托人不同意公开的姓名、名称、住所、通讯方式等信息的。

慈善组织违反本法规定泄露国家秘密、商业秘密的，依照有关法律的规定予以处罚。

慈善组织有前两款规定的情形，经依法处理后一年内再出现前款规定的情形,或者有其他情节严重情形的,由县级以上人民政府民政部门吊销登记证书并予以公告。

第一百一十一条 慈善组织开展募捐活动有下列情形之一的,由县级以上人民政府民政部门予以警告,责令停止募捐活动;责令退还违法募集的财产,无法退还的,由民政部门予以收缴,转给其他慈善组织用于慈善目的;情节严重的,吊销公开募捐资格证书或者登记证书并予以公告,公开募捐资格证书被吊销的,五年内不得再次申请:

(一)通过虚构事实等方式欺骗、诱导募捐对象实施捐赠的;

(二)向单位或者个人摊派或者变相摊派的;

(三)妨碍公共秩序、企业生产经营或者居民生活的;

(四)与不具有公开募捐资格的组织或者个人合作,违反本法第二十六条规定的;

(五)通过互联网开展公开募捐,违反本法第二十七条规定的;

(六)为应对重大突发事件开展公开募捐,不及时分配、使用募得款物的。

第一百一十二条 慈善组织有本法第一百零九条、第一百一十条、第一百一十一条规定情形的,由县级以上人民政府民政部门对直接负责的主管人员和其他直接责任人员处二万元以上二十万元以下罚款,并没收违法所得;情节严重的,禁止其一年至五年内担任慈善组织的管理人员。

第一百一十三条 不具有公开募捐资格的组织或者个人擅自开展公开募捐的,由县级以上人民政府民政部门予以警告,责令停止募捐活动;责令退还违法募集的财产,无法退还的,由民政部门予以收缴,转给慈善组织用于慈善目的;情节严重的,对有关组织或者个人处二万元以上二十万元以下罚款。

自然人、法人或者非法人组织假借慈善名义或者假冒慈善组织骗取财产的,由公安机关依法查处。

第一百一十四条 互联网公开募捐服务平台违反本法第二十七条规定的,由省级以上人民政府民政部门责令限期改正;逾期不改正的,由国务院民政部门取消指定。

未经指定的互联网信息服务提供者擅自提供互联网公开募捐服务的,由县级以上人民政府民政部门责令限期改正;逾期不改正的,由县级以上人民政府民政部门会同网信、工业和信息化部门依法进行处理。

广播、电视、报刊以及网络服务提供者、电信运营商未依法履行验证义务的,由其主管部门责令限期改正,予以警告;逾期不改正的,予以通报批评。

第一百一十五条 慈善组织不依法向捐赠人开具捐赠票据、不依法向志愿者出具志愿服务记录证明或者不及时主动向捐赠人反馈有关情况的,由县级以上人民政府民政部门予以警告,责令限期改正;逾期不改正的,责令限期停止活动。

第一百一十六条 慈善组织弄虚作假骗取税收优惠的,由税务机关依法查处;情节严重的,由县级以上人民政府民政部门吊销登记证书并予以公告。

第一百一十七条 慈善组织从事、资助危害国家安全或者社会公共利益活动的,由有关机关依法查处,由县级以上人民政府民政部门吊销登记证书并予以公告。

第一百一十八条 慈善信托的委托人、受托人有下列情形之一的,由县级以上人民政府民政部门责令限期改正,予以警告,并没收违法所得;对直接负责的主管人员和其他直接责任人员处二万元以上二十万元以下罚款:

(一)将信托财产及其收益用于非慈善目的的;

(二)指定或者变相指定委托人、受托人及其工作人员的利害关系人作为受益人的;

(三)未按照规定将信托事务处理情况及财务状况向民政部门报告的;

(四)违反慈善信托的年度支出或者管理费用标准的;

（五）未依法履行信息公开义务的。

第一百一十九条 慈善服务过程中，因慈善组织或者志愿者过错造成受益人、第三人损害的，慈善组织依法承担赔偿责任；损害是由志愿者故意或者重大过失造成的，慈善组织可以向其追偿。

志愿者在参与慈善服务过程中，因慈善组织过错受到损害的，慈善组织依法承担赔偿责任；损害是由不可抗力造成的，慈善组织应当给予适当补偿。

第一百二十条 县级以上人民政府民政部门和其他有关部门及其工作人员有下列情形之一的，由上级机关或者监察机关责令改正；依法应当给予处分的，由任免机关或者监察机关对直接负责的主管人员和其他直接责任人员给予处分：

（一）未依法履行信息公开义务的；

（二）摊派或者变相摊派捐赠任务，强行指定志愿者、慈善组织提供服务的；

（三）未依法履行监督管理职责的；

（四）违法实施行政强制措施和行政处罚的；

（五）私分、挪用、截留或者侵占慈善财产的；

（六）其他滥用职权、玩忽职守、徇私舞弊的行为。

第一百二十一条 违反本法规定，构成违反治安管理行为的，由公安机关依法给予治安管理处罚；构成犯罪的，依法追究刑事责任。

第十三章 附　　则

第一百二十二条　城乡社区组织、单位可以在本社区、单位内部开展群众性互助互济活动。

第一百二十三条　慈善组织以外的其他组织可以开展力所能及的慈善活动。

第一百二十四条　个人因疾病等原因导致家庭经济困难，向社会发布求助信息的，求助人和信息发布人应当对信息真实性负责，不得通过虚构、隐瞒事实等方式骗取救助。

从事个人求助网络服务的平台应当经国务院民政部门指定，对通过其发布的求助信息真实性进行查验，并及时、全面向社会公开相关信息。具体管理办法由国务院民政部门会同网信、工业和信息化等部门另行制定。

第一百二十五条　本法自2016年9月1日起施行。

关于《中华人民共和国慈善法（修订草案）》的说明

——2022年12月27日在第十三届全国人民代表大会常务委员会第三十八次会议上

全国人大社会建设委员会主任委员 何毅亭

委员长、各位副委员长、秘书长、各位委员：

我受全国人大社会建设委员会委托，作关于《中华人民共和国慈善法（修订草案）》的说明。

一、修改慈善法的必要性和修法过程

慈善是社会文明的重要标志，是一种具有广泛群众性的道德实践。党的十八大以来，习近平总书记多次就发展慈善事业、发挥慈善作用作出重要论述。党的十九大强调"完善社会救助、社会福利、慈善事业、优抚安置等制度"，明确把慈善作为我国多层次社会保障体系的重要组成部分。党的十九届四中全会提出，"重视发挥第三次分配作用，发展慈善等社会公益事业"，将慈善事业上升到坚持和完善社会主义基本经济制度、推动国家治理体系和治理能力现代化的高度。党的十九届五中全会要求，"发挥第三次分配作用，发展慈善事业，改善收入和财富分配格局"，把慈善事业作为推动共同富裕的重要途径。党的二十大进一步指出"构建初次分配、再分配、第三次分配协调配套的制度体系"，要求"引导、支持有意愿有能力的企业、社会组织和个人积极参与公益慈善事业"，将发展慈善事业作为完善分配制度的重要举措并做出明确安排。习近平总书记的重要论述和党中央一系列重要决策部署，明确了慈善的新定位新作用，提出了发展慈善的新目标新要求，为做好新时代慈善工作、发展慈善事业指明了方向、提供了遵循。

现行慈善法是 2016 年由十二届全国人大四次会议通过的。自施行以来，慈善法在保护慈善参与者权益、规范慈善活动、促进慈善事业发展、发挥慈善功能作用等方面发挥了重要作用。与此同时，慈善领域也出现了一些新情况新问题。主要表现在：慈善事业发展缓慢，同经济社会发展水平不适应；慈善捐赠规模偏低，同我国社会财富积累程度不匹配；慈善组织发展不平衡不充分，治理能力和治理水平有待提高；慈善信托发展面临障碍，作用尚未得到有效发挥；监管制度机制还不完善，监管不足与监管过度并存；支持促进措施较为原则，落实不到位不彻底；应急慈善制度尚未建立，慈善在应对突发事件中存在不规范不充分的情况；一些慈善创新形式还缺乏有效规范，带来不良社会影响。这些都对加强慈善法治建设提出了新要求。近年来，人大代表、社会各界也多次呼吁修改完善慈善法。十三届全国人大一次会议以来，全国人大代表共提出57件关于修改慈善法的议案建议，要求将党中央关于慈善事业的决策部署落实为法律规定，进一步优化慈善领域制度设计，为慈善事业全面、快速、有序发展营造良好法治环境。

全国人大常委会贯彻落实党中央关于发展慈善事业的决策部署，积极回应社会关切，把修改慈善法列入2022年度立法工作计划，明确由社会建设委员会牵头负责。2021年3月，社会建设委员会启动修法工作。12月，贯彻落实栗战书委员长、张春贤副委员长关于加快慈善法修法进程的指示精神，牵头成立慈善法（修改）工作专班，由主任委员何毅亭担任组长。一年多来，主要做了以下4方面工作：一是深入学习领会习近平总书记关于慈善事业的重要论述，全面梳理党中央关于发展慈善事业的重大决策部署和工作要求。二是深入开展调查研究，5次赴地方、部委和慈善行业组织调研座谈，充分了解慈善领域的实际情况和突出问题。三是广泛征求意见，2次召开协调会，5轮书面征求意见，认真听取"一府两院"、20多家中央单位、31个省

（区、市）人大社会委、地方民政部门、中国慈善联合会及慈善组织、提议案的代表意见。四是充分发挥专家学者作用，委托中国社会保障学会、清华大学、北京师范大学起草修法建议稿，通过座谈或书面形式征求21人次专家学者意见。经过反复研究修改，形成了《慈善法（修订草案）》（以下简称修订草案）。

二、修改慈善法的指导思想和总体思路

修改慈善法，必须坚持以习近平新时代中国特色社会主义思想为指导，全面贯彻习近平总书记关于发展慈善事业、发挥慈善作用的重要论述精神和党中央决策部署，践行全过程人民民主，完善相关制度机制，优化慈善事业发展环境，规范慈善活动，推动慈善高质量发展，为发挥慈善在第三次分配中的作用、推动共同富裕提供坚实的法治保障。

修法工作始终遵循和贯彻以下总体思路：

一是坚持支持鼓励慈善发展总方向，进一步细化明确扶持慈善事业发展制度措施。慈善事业是中国特色社会主义事业的重要组成，在消除贫困、实现共同富裕、促进社会和谐方面具有特殊作用，是国家治理体系与治理能力现代化的重要力量。我国慈善文化源远流长，但现代慈善起步晚、发展慢。实践中，还存在对慈善的性质定位、功能作用认识不足，支持保障慈善发展的力度不够大、措施不够实等问题。修订草案坚持推动慈善事业高质量发展的总原则，回应各方面诉求，健全完善国

家支持鼓励开展慈善活动、扶持促进慈善事业发展的制度措施，进一步激发慈善热情，形成全社会参与慈善、支持慈善的良好氛围。

二是坚持从国情实际出发，健全完善与我国发展阶段相适应的慈善法律制度。慈善法实施以来，党中央、国务院及其有关部门、最高人民法院、最高人民检察院出台了多个旨在发展慈善事业的规范性文件，各地在慈善领域进行了积极探索，积累了丰富的实践经验。修订草案坚持推动慈善事业与经济社会同步协调发展的原则，积极稳妥地将适应慈善发展现实需要、实践证明行之有效、各方面认识比较一致的措施，转化为法律规范，确保慈善事业健康有序发展。坚持走中国特色社会主义慈善之路，继承发扬优秀传统慈善文化的精神内涵，融合现代慈善体系特征，借鉴国外慈善事业经验，对于争议较大或目前修改时机和条件尚不成熟的内容，暂不做修改。

三是坚持问题导向，努力推动解决慈善领域现实问题。当前慈善领域还存在不少困难和问题，出现一些新趋势新情况，甚至引发负面舆情，不利于慈善事业发展。特别是应急慈善制度不完善，慈善信托发展不力，慈善组织治理能力和治理水平不高，网络慈善等新形式缺乏有效规范，慈善参与主体适应规则不统一，监管机制不健全等问题，社会反映比较大。修订草案针对这些突出问题，坚持规范与发展并重，进一步健全完善相关规定，对慈善各方面参与者、慈善活动各环节作出更加明确具体的规范，保障慈善活动正常有序开展。

四是坚持系统观念，处理好与相关法律、法规和政策的衔接配合。慈善涉及民法典、刑法以及信托法、公益事业捐赠法、红十字会法等法律法规。修订草案坚持慈善法作为慈善领域专门法的定位，注意处理好与其他法律法规的关系。对其他法律没有规定或者规定不够完善的，尽可能在本法中作出明确具体的规定；其他法律已有明确规定的，本法只做原则性、衔接性的规定；对适宜通过制定行政法规或政策细化和解决的问题，在本法中只作原则性、授权性规定，为有关部门和地方结合实际实施法律、开展创新预留空间。

三、修改的主要内容

现行慈善法共12章112条。修订草案新增1章21条、修改47条，共13章133条。主要在以下方面作了修改：

（一）体现慈善功能新定位（涉及2个章节的4个条款）

一是完善立法指导思想。贯彻落实党的二十大精神和党中央新部署新要求，把"充分发挥慈善在第三次分配中的作用，推动共同富裕"写入本法指导思想，明确慈善的新定位新作用，提高全社会对慈善的认识。二是明确党对慈善事业的领导。根据《中共中央关于加强党的政治建设的意见》要求，增加坚持党对慈善事业领导的规定，确保慈善事业正确政治方向。三是加强慈善工作组织协调。吸收国务院《关于促进慈善事业健康发展的指导意见》关于"建立健全慈善工作组织协调机制"的精神，总结地方经验做法，新增县级以上人民政府建立慈善工作协调机制的规定，强化慈善事业领导力量，推动及时解决慈善事业发展中遇到的突出困难和问题。四是健全慈善信息统计。针对慈善相关数据较为分散、反映慈善事业发展情况不全面的问题，明确国家建立健全慈善信息统计和发布制度，为充分发挥慈善新功能新作用提供重要的决策依据。

（二）回应慈善发展新问题（涉及3个章节的11个条款）

一是新设应急慈善专章。总结近年来慈善参与重大突发事件应对中正反两方面经验，特别是在新冠肺炎疫情防控中发挥的重要作用和出现的突出问题，吸收地方立法中的好做法，与正在审议的《突发事件应对管理法（草案）》协调衔接，系统规范重大突发事件中的慈善活动。规定建立应急慈善协调机制，强化政府领导、指导应急慈善活动的责任，发挥慈善在应急救灾中的作用。明确慈善组织、志愿者等慈善力量开展应急慈善活动的原则，严格对应急状态下募得款物的管理，明确要求及时拨付使用，及时公开接收、分配和使用情况，确保应急慈善活动有序有效、公开透明。根据突发事件突然性、紧急性的特点，适当放宽募捐方案事前备案的要求,规定基层政府、基层组织便利和帮助应急慈善款物的分配送达。二是完善网络慈善有关规定。适应互联网募捐蓬勃发展的实际,总结吸收近年来指定慈善信息平台和互联网公开募捐服务平台的好做法,明确指定部门,区分不同平台的功能和责任,规范网络慈善秩序,保障网络慈善各方参与主体的权益。三是填补网络个人求助法治空白。针对近年来个人求助活动平台规模化发展、纠纷时有发生、负面舆情涌现的新情况,回应社会各界加强网络个人求助治理的呼声,在附则中新增关于个人求助和个人求助网络服务提供者的规定。明确求助人和信息发布人的诚信义务,授权国务院有关部门制定个人求助网络服务提供者管理规则,促进个人求助平台健康发展,维护公众的爱心善心。

(三)优化慈善促进新措施(涉及4个章节的19个条款)

一是优化慈善组织制度。衔接民法典规定,明确慈善组织属于非营利法人。改革慈善组织认定机制,为社会组织转型为慈善组织提供制度安排。完善慈善组织终止清算程序和剩余财产处理程序,保障当事人权益。充实行业组织职责,推进慈善行业自治。二是优化慈善募捐制度。降低申请公开募捐资格的年限,鼓励慈善组织开展公开募捐。增设公开募捐资格退出机制,实现具有公开募捐资格慈善组织的优胜劣汰。三是全面优化慈善事业扶持政策。将慈善事业纳入国民经济和社会发展规划，推动与经济社会同步发展。明确国家建立健全慈善事业税收优惠制度，激发全社会关心慈善、参与慈善的热情。加强对慈善组织布局的引导，支持慈善组织做大做强，培育发展社区慈善，推动形成层次合理、特色鲜明、合作顺畅的慈善格局。支持鼓励运用新技术开展慈善活动，推动慈善创新。建立慈善领域信用记录和激励制度，推动慈善活动主体守法合规开展活动。鼓励开展慈善国际交流，发挥慈善在响应"一带一路"倡议、参与构建人类命运共同体中的积极作用。

（四）健全慈善监管新机制（涉及6个章节的16个条款）

一是推动慈善监管全覆盖。新增接受境外捐赠、与境外组织或个人开展合作依法履行相关程序，维护国家安全和利益。要求具有公开募捐资格的慈善组织加强对合作募捐方的审核评估，公开合作方信息，维护募捐秩序。明晰慈善财产范围，明确慈善信托财产和用于慈善活动的其他财产属于慈善财产，加大保护力度。做好与红十字会法、公益事业捐赠法等的衔接，明确红十字会、公益性非营利的事业单位等开展募捐或者接受捐赠，其他法律有规定的从其规定，没有规定的参照适用本法的规定，全面统一慈善活动规则。二是加强综合监管和行业指导。明确县级以上人民政府加强慈善活动综合监管。在明确民政部门的全面监管职责基础上，新增工信、公安、财税、审计、网信、银保监等政府其他相关部门在各自职责范围内履行监管职责。针对慈善活动面广线长的特点，增加教科文卫体、应急、生态环境、医疗保障等行业管理部门指导、管理和服务本行业慈善活动的职责。新增约谈负责人、工作人员等手段，丰富监管措施。明确对其他慈善活动参与者的会同调查机制，确保有效监管。三是细化强化法律责任。全面梳理本法涉及有关主体的法律义务，调整明确违法行为对应的法律责任，增强法律的刚性、可操作性。重点完善募捐活动违法的法律责任，增加吊销公开募捐资格证书等处罚方式，提高法律的约束力和威慑力。

（五）充实慈善信托新制度（涉及6个章节的18个条款）

一是系统完善慈善信托制度。衔接民法典规定，扩展遗嘱信托等设立方式，便利慈善信托设立。明确委托人不得指定其利害关系人为受益人，确保慈善信托的慈善性质。明确除信托文件规定外，受托人不得自行辞任，稳定慈善信托运行。将设立监察人作为法定要求，健全慈善信托内部治理。增加信托终止和剩余财产处理的程序和要求，确保慈善信托全周期的慈善性。二是全面规范慈善信托运作。明确慈善信托财产属于慈善财产，全面适用慈善财产管理规则。强化信托财产高效利用要求，授权有关部门制定慈善信托年度支出和管理费用标准。增加慈善信托信息公开专门规定，提升透明度。明确民政等有关部门对受托人的监管职责，加强监管力度。完善委托人、受托人违法行为的法律责任。三是强化对慈善信托的优惠扶持。增加设立慈善信托依法享受税收优惠的专门规定，推动慈善信托发展。

此外，还根据需要作了部分文字修改。

《慈善法（修订草案）》及以上说明是否妥当，请审议。

全国人民代表大会宪法和法律委员会关于《中华人民共和国慈善法(修订草案)》修改情况的汇报

全国人民代表大会常务委员会：

　　慈善法由十二届全国人大四次会议于2016年3月通过。法律施行以来，在保护慈善参与者合法权益、规范慈善活动、促进慈善事业发展等方面发挥了重要作用。同时，慈善领域也出现了一些新情况新问题，需要总结实践经验，修改完善相关法律制度。慈善法修订草案由十三届全国人大社会建设委员会牵头组织起草。2022年12月，十三届全国人大常委会第三十八次会议对修订草案进行了初次审议。会后，法制工作委员会将修订草案印发部分全国人大代表、中央有关部门和单位、地方人大和基层立法联系点等征求意见；在中国人大网公布修订草案全文，征求社会公众意见；到北京、浙江、江苏、广东、宁夏等地实地调研,听取全国人大代表、地方有关部门、慈善行业协会、慈善组织、信托公司、互联网公开募捐服务平台、个人求助网络服务平台等方面的意见;就征求意见和调研中反映比较集中的问题召开座谈会;就修订草案主要问题与有关方面交换意见,共同研究。宪法和法律委员会于10月8日召开会议,根据常委会组成人员审议意见和各方面的意见,对修订草案进行了逐条审议。社会建设委员会、民政部有关负责同志列席了会议。10月13日,宪法和法律委员会召开会议,再次进行了审议。现将慈善法修订草案主要问题修改情况汇报如下:

有些常委委员、地方和社会公众提出,慈善法施行七年来,党和国家在慈善领域的方针政策没有重大调整,没有出台新的专门文件,没有机构改革重大举措,全面修法的必要性不足。有的常委委员提出,慈善法由全国人民代表大会制定,是慈善领域的基本法,施行时间不太长。对于大会通过的法律,常委会进行修改是可以的,但须遵循宪法的有关规定。从多年来的实践看,对大会通过的法律进行修改,多数情况下以采取修正方式为宜,没有在法律通过后较短时间内由常委会进行全面修订的先例,常委会采用修订方式修改慈善法应当慎重。有的常委委员提出,实践中出现的具体问题需要具体分析,有些是法律宣传不到位、配套规定不健全、执法不统一不规范等原因导致的,可通过进一步加强法律实施来解决;有些是国情不同、环境条件不同,不宜简单同国外慈善情况类比。

同时，有些常委会组成人员、部门、地方和社会公众提出，针对近年来慈善领域的一些新情况新问题，对相关法律制度作进一步修改完善，回应社会关切，是必要的，建议进一步明确信息公开要求，完善有关互联网公开募捐和个人求助行为的规定，加大对公开募捐违法行为的处罚力度等。宪法和法律委员会经研究，建议采纳上述意见，不采用修订方式对现行慈善法作全面修改，采用修正方式对现行法的部分内容进行修改完善，在保持现行法基本制度总体稳定的前提下，总结实践经验，对较为成熟或者有基本共识的内容作出必要修改；对尚有争议、尚未形成基本共识或者较为生疏的问题，以及一些可改可不改的文字表述问题，暂不作修改。据此，宪法和法律委员会在保留修订草案主要内容的基础上提出修正草案，共28条，对现行慈善法的主要修改内容如下：

一、规范慈善组织和慈善信托运行。一是，明确已经设立的非营利性组织，可以向其登记的民政部门申请认定为慈善组织；二是，要求慈善组织年度工作报告和财务会计报告内容增加"与境外组织或者个人开展合作"情况；三是，规定慈善组织与不具有公开募捐资格的组织或者个人合作募捐的，应当对合作方进行评估；四是，明确慈善信托受益人的确定原则；五是，特殊情况下慈善组织年度支出难以符合规定的，应当报告并公开说明情况；六是，授权国务院有关部门制定慈善信托年度支出和管理费用标准。

二、完善公开募捐制度。一是,降低慈善组织申请公开募捐资格的年限要求;二是,规定国务院民政部门指定互联网公开募捐服务平台,为慈善组织通过互联网开展公开募捐提供服务;三是,要求募捐活动或者慈善项目结束三个月内全面、详细公开募捐、项目实施和募得款物使用情况;四是,开展募捐活动有违法情形且情节严重的,吊销公开募捐资格证书或者登记证书,并处以罚款。

三、增设应急慈善相关制度。一是,要求履行统一领导职责或者组织处置突发事件的人民政府,依法建立协调机制,明确专门机构、人员,提供需求信息,及时有序引导开展募捐和救助活动;二是,鼓励慈善组织、慈善行业组织建立应急机制,鼓励慈善组织、志愿者等在政府协调引导下依法开展或者参与慈善活动;三是,要求及时拨付或者使用募得款物,并按要求公开接收、分配、使用情况;四是,允许应急公开募捐方案在事后备案;五是,要求基层政府、基层组织为应急慈善款物分配送达等提供便利、帮助。

四、强化慈善促进措施。一是,将慈善事业纳入国民经济和社会发展规划;二是,增加慈善信托依法享受税收优惠的规定;三是,明确由国务院民政、财政、税务等有关部门制定税收优惠具体办法;四是,明确国家对参与重大突发事件应对、参与重大国家战略的慈善活动,实行特殊的优惠政策;五是,支持鼓励运用新技术开展慈善活动;六是,鼓励发展社区慈善事业;七是,建立健全慈善领域捐赠人、志愿者等信用记录和激励制度；八是，鼓励开展慈善国际交流。

五、加强领导和监督管理。一是，明确慈善工作坚持中国共产党的领导；二是，要求有关部门加强慈善活动监管；三是，明确接受境外慈善捐赠、与境外组织或者个人合作开展慈善活动应当依法履行程序；四是，对涉嫌违法的慈善组织、慈善信托受托人的有关人员进行责任约谈；五是，规定国务院民政部门建立健全统一的慈善信息平台，免费提供慈善信息发布服务；六是，建立慈善组织及其负责人、慈善信托受托人信用记录制度；七是，强化慈善组织、慈善信托受托人等慈善活动参与者的法律责任。

六、规范个人求助行为。明确个人因疾病或者其他原因导致家庭经济困难，向社会发布求助信息的，求助人和信息发布人应当对信息真实性负责，个人求助网络服务平台应当承担信息查验义务，具体管理办法由国务院民政部门会同有关部门另行制定。

宪法和法律委员会已按上述意见提出了《中华人民共和国慈善法（修正草案）》，建议提请本次常委会会议进行审议。

修正草案和以上汇报是否妥当，请审议。

全国人民代表大会宪法和法律委员会
2023年10月20日

全国人民代表大会宪法和法律委员会关于《中华人民共和国慈善法(修正草案)》审议结果的报告

全国人民代表大会常务委员会：

常委会第六次会议对慈善法修正草案进行了二次审议。会后，法制工作委员会征求了中央社会工作部、民政部等部门的意见；在中国人大网公布修正草案全文，征求社会公众意见；到上海等地进行实地调研，进一步听取全国人大代表、地方有关部门、慈善组织等方面的意见；还就修正草案有关问题与中央网信办、财政部、民政部、工业和信息化部等有关单位交换意见，共同研究。宪法和法律委员会于12月6日召开会议，根据常委会组成人员审议意见和各方面的意见，对修正草案进行了逐条审议。社会建设委员会、财政部、民政部有关负责同志列席了会议。12月18日，宪法和法律委员会召开会议，再次进行了审议。宪法和法律委员会认为,为做好新时代慈善工作,深入推进慈善事业高质量发展,修改慈善法是必要的,草案经过两次审议修改,已经比较成熟。同时,提出以下主要修改意见:

一、有的常委委员、部门和社会公众提出,慈善工作涉及领域多、范围广,需要充分发挥各级政府的统筹协调作用,督促指导有关部门积极履职、相互协作,共同促进慈善事业健康有序发展。宪法和法律委员会经研究,建议增加规定:县级以上人民政府应当统筹、协调、督促和指导有关部门在各自职责范围内做好慈善事业的扶持发展和规范管理工作。

二、有的常委委员、部门和社会公众提出,鉴于近年来合作募捐领域出现的一些问题,应进一步强化具有公开募捐资格的慈善组织在合作募捐中的责任,明确其未履行责任的法律后果,确保合作募捐活动合法规范。宪法和法律委员会经研究,建议增加规定:不具有公开募捐资格的组织或者个人不得以自己的名义开展公开募捐;具有公开募捐资格的慈善组织应当与合作方依法签订书面协议,并对合作方的相关行为进行指导和监督;具有公开募捐资格的慈善组织负责对合作募得的款物进行财务核算和管理,将全部收支纳入其账户。同时,完善相应法律责任。

三、有的常委委员、部门和地方提出,现行慈善法对慈善募捐成本未作明确要求,实践中有的慈善组织募捐成本过高,造成慈善财产浪费,不符合慈善活动厉行节约的要求,建议对募捐成本作出规范。宪法和法律委员会经研究,建议增加规定:慈善组织应当遵循募捐成本最必要原则,充分、高效运用慈善财产;募捐成本标准由国务院民政部门会同财政、税务等部门制定。

四、有的常委委员和部门提出,慈善组织存在私分、挪用、截留或者侵占慈善财产等违法行为的,除对该慈善组织进行处罚外,还应当加大对相关责任人员的处罚力度。宪法和法律委员会经研究,建议增加规定:情节严重的,禁止直接负责的主管人员和其他直接责任人员一年至五年内担任慈善组织的管理人员。

五、有的常委委员、全国人大代表、部门和社会公众提出,个人求助网络服务平台在帮助大病患者筹集医疗费用等方面发挥了积极作用,但实践中也存在一些乱象,影响了平台公信力甚至慈善事业发展,建议建立健全平台监管制度,促使其规范有序发展。宪法和法律委员会经研究,建议明确规定:从事个人求助网络服务的平台应当经国务院民政部门指定,对通过其发布的求助信息真实性进行查验,具体管理办法由国务院民政部门会同网信、工业和信息化等部门另行制定。

此外,还对修正草案作了一些文字修改。

12月8日,法制工作委员会召开会议,邀请部分全国人大代表、基层民政部门、慈善组织、信托公司、互联网公开募捐服务平台、个人求助网络服务平台、专家学者等，就修正草案主要制度规范的可行性、出台时机、实施的社会效果和可能出现的问题等进行评估。与会人员普遍认为，修正草案贯彻落实党中央关于慈善事业发展的决策部署，坚持问题导向，积极回应社会关切，对健全应急慈善制度、完善促进措施、规范慈善活动、加强监督管理等作了规定，内容严谨、措施可行，将为慈善事业健康有序发展提供更加有力的法治保障。修正草案经过修改完善，充分吸收了各方面意见，已经比较成熟，建议尽快审议通过。与会人员还对修正草案提出了一些具体修改意见，宪法和法律委员会进行了认真研究，对有的意见予以采纳。

宪法和法律委员会已按上述意见提出了全国人民代表大会常务委员会关于修改《中华人民共和国慈善法》的决定（草案），建议提请本次常委会会议审议通过。

修改决定草案和以上报告是否妥当，请审议。

全国人民代表大会宪法和法律委员会
2023 年 12 月 25 日

全国人民代表大会宪法和法律委员会关于《全国人民代表大会常务委员会关于修改〈中华人民共和国慈善法〉的决定(草案)》修改意见的报告

全国人民代表大会常务委员会：

本次常委会会议于12月25日下午对关于修改慈善法的决定草案进行了分组审议。普遍认为，修改决定草案已经比较成熟，建议进一步修改后，提请本次常委会会议表决通过。同时，有些常委会组成人员和列席人员还提出了一些修改意见和建议。宪法和法律委员会于12月25日晚召开会议，逐条研究了常委会组成人员和列席人员的审议意见，对修改决定草案进行了审议。社会建设委员会、民政部有关负责同志列席了会议。宪法和法律委员会认为，修改决定草案是可行的，同时，提出以下修改意见：

一、有些常委委员建议，进一步严格规范合作开展公开募捐行为，明确不具有公开募捐资格的组织或者个人"不得以任何形式自行开展公开募捐"。宪法和法律委员会经研究，建议采纳这一意见。

二、有的常委委员提出，互联网公开募捐服务平台由国务院民政部门指定，数量较少，建议由"省级以上人民政府民政部门"集中规范管理，保障平台正常运行。宪法和法律委员会经研究，建议将修改决定草案第二十八条第一款中的执法主体由"县级以上人民政府民政部门"修改为"省级以上人民政府民政部门"。

三、有的常委委员建议，强化个人求助网络服务平台的信息公开力度，营造诚实守信、公开透明的个人求助网络环境。宪法和法律委员会经研究，建议增加规定：从事个人求助网络服务的平台应当及时、全面向社会公开相关信息。

常委会组成人员、有关部门和社会公众还就完善税收优惠措施、健全慈善表彰机制等提出了一些具体意见。宪法和法律委员会经研究认为，上述意见涉及的问题，有的可在配套法规规章中作出规定，有的可通过加强法律实施予以解决，建议有关方面加快完善配套规定，扎实做好法律宣传和实施工作，确保法律规定的各项制度落到实处。

经与有关部门研究，建议将本决定的施行时间确定为 2024 年 9 月 5 日。

此外,根据常委会组成人员的审议意见,还对修改决定草案作了一些文字修改。

修改决定草案修改稿已按上述意见作了修改,宪法和法律委员会建议本次常委会会议审议通过。

修改决定草案修改稿和以上报告是否妥当,请审议。

全国人民代表大会宪法和法律委员会
2023 年 12 月 29 日